EXPLOITATIONS

DES DEUX-SÈVRES

PAR

R. GUILLEMOT

Professeur d'Agriculture du département

LA CHEVRELIÈRE

MELLE
IMPRIMERIE DE CH. MOREAU, LIBRAIRE
1891

REVUE DES EXPLOITATIONS LES MIEUX DIRIGÉES
DU DÉPARTEMENT DES DEUX-SÈVRES.

LA CHÈVRELIÈRE

©

REVUE

DES

EXPLOITATIONS

LES MIEUX DIRIGÉES

DES DEUX-SÈVRES

PAR

R. GUILLEMOT

Professeur d'Agriculture du département

I

LA CHÈVRELIÈRE

MELLE

IMPRIMERIE DE CH. MOREAU, LIBRAIRE

1868

REVUE DES EXPLOITATIONS

LES MIEUX DIRIGÉES

DU DÉPARTEMENT DES DEUX-SÈVRES.

LA CHÈVRELIÈRE.

A quelque distance de Chef-Boutonne, chef-lieu de canton de l'arrondissement de Melle, dans la commune de Gournay, se trouve le château de la Chèvrelière. Autour du château, s'étend la terre du même nom, bien connue de tous les agriculteurs du département et du dehors, par ses succès agricoles, et que le Concours de 1858, pour la prime d'honneur, plaça au premier rang des exploitations les mieux dirigées des Deux-Sèvres.

Quiconque, versé dans les choses agricoles, a la bonne fortune de visiter cette magnifique exploitation, ne peut se défendre d'un sentiment d'admiration pour la culture dont il est témoin. Assez heureux pour être initié à tous les détails de la culture de la Chèvrelière, nous avons pensé que nos lecteurs nous sauraient gré de les leur faire connaître.

L'exploitation, que dirige M. le baron Aymé de la Chèvrelière, a une étendue de 56 hectares, sur lesquels quatre seulement sont calcaires; le reste est un sol de nature argilo-siliceuse, profond et sain, mais auquel le carbonate de chaux fait complétement défaut, et qui ne devient susceptible de produire des fourrages légumineux, qu'après des chaulages à haute dose. Ce sol est aussi fortement chargé d'oxyde de fer et entremêlé de nombreux rognons siliceux baptisés, dans la contrée, du nom de *chails*, et dont des défoncements énergiques et répétés ont pu seuls le débarrasser. Un autre défaut de ce sol est sa perméabilité, poussée à un tel point, qu'elle devient de l'aridité et qu'elle a été jusqu'ici un obstacle insurmontable à la création de prairies naturelles.

Il y a 50 ans, à la Chèvrelière, tout était landes, et il n'existait, là où s'élève le château maintenant, qu'un pavillon servant de rendez-vous de chasse. Vers 1814, M. le baron Aymé de la Chèvrelière, père du propriétaire actuel, renonçant complétement aux fonctions publiques, vint s'y fixer, et les défrichements commencèrent sous sa direction. A la même époque fut établi, dans l'arrondissement de Melle, le premier four à chaux destiné aux usages agricoles. Ce four qui fut élevé sur la propriété, où on en voit encore les ruines, fut longtemps alimenté par les genêts, les ajoncs et les mauvais bois des landes de la Chèvrelière. Plus tard, lorsque ces ressources vinrent à manquer, par suite de l'extension donnée aux défrichements, il fut transformé en four à feu continu, par M. Emile Aymé de la Chèvrelière, et transporté où on le rencontre encore, sur la droite de la route de Sauzé-Vaussais à Melle, à 8 kilomètres de cette dernière ville. Ce n'est d'ailleurs pas par ce seul four à chaux que M. Emile Aymé de la Chèvrelière a contribué au progrès de l'Agriculture dans la contrée ; il en possède un certain nombre d'autres dans les communes environnantes. En 1850, il restait encore à défricher à la Chèvrelière 6 hectares de landes, qui le furent dans la période de 1850 à 1855. Ce fut dans le courant de l'année 1850, que M. le baron Aymé de la Chèvrelière, après avoir étudié la culture dans les contrées les plus avancées, telles que la Brie, la Beauce, le Nord, etc., et avoir puisé de nombreuses leçons de pratique agricole à la ferme de Curzay, se mit à la tête de la culture. Si, grâce aux soins qu'il lui avait déjà donnés, depuis 1843, elle était alors mieux entendue que dans les fermes voisines, elle était cependant encore loin de la perfection qu'elle a atteint depuis. Si nous consultons les rendements par hectare, correspondants à l'année 1850, nous trouvons : pour le blé, 15 hectol. 60 ; pour l'avoine, 26 hectolitres ; pour la baillarge, 16 hectolitres, et enfin, pour le seigle, 28 hectolitres. Quatorze ans plus tard, en 1864, le produit du blé s'est élevé à 30 hect. 90 ; celui de l'avoine à 46 hect. 70 ; celui de la baillarge à 20 hect. 80. Du seigle, comme grain, il n'en est plus question. Encore l'année 1864 a-t-elle été peu favorable aux céréales, les gelées ayant détruit une grande partie des blés et des avoines. Sans cet accident il y aurait tout lieu de croire que le rendement du blé eût atteint celui d'une des années précédentes : 32 hect. 74 à l'hectare. Il semblera peut-être étrange que la baillarge n'ait pas suivi la même progression que les autres céréales ; que son rendement ne se soit élevé que de 16 hectol. à 20 hect. 80. Ce fait tient à ce qu'en 1850, elle était considérée comme récolte principale et semée comme telle, tandis qu'en 1864, elle n'est cultivée que comme récolte accessoire, servant de couverture aux jeunes luzernes, et pour ce motif, semée très clair. De tels rendements ne sont pas seulement la conséquence d'une culture mieux entendue, mais surtout d'une plus forte proportion de plantes fourragères. Ainsi, l'année dernière (1865), on comptait à la Chèvrelière 39 hectares, consacrés exclusivement à l'alimentation des animaux, se répartissant de la manière suivante : luzerne, 20 hectares ; trèfle, 4 hectares; plantes-racines, 8 hectares ; trèfle incarnat, 2 hectares; fourrages d'été, 4 hectares. La surface occupée par les plantes exportables était de 21 hectares, distribués ainsi qu'il suit : blé, 9 hectares ; avoine, 6 hectares ; baillarge, 3 hectares ; colza, 3 hectares. Si on totalise ces différents chiffres, on pourra croire à une erreur, car on arrive à une étendue supérieure de 4 hectares à celle que nous avons indiquée. Il n'en est rien cependant; celà tient à ce que les 4 hectares ensemencés en trèfle incarnat et en vesces d'hiver portent dans la même année deux récoltes fourragères.

L'ordre dans lequel se succèdent les différentes récoltes, à la Chevrelière, autrement dit l'assolement, est celui-ci :

1re année. Plantes sarclées fumées.
2e — Blé.
3e — Trèfle.
4e — Avoine.
5e — Plantes sarclées fumées.
6e — Blé.
7e — Fourrages verts fumés.
8e — Blé.
9e — Plantes sarclées fumées.
10e — Avoine.
11e — Plantes sarclées fumées.
12e — Baillarge avec semis de luzerne.

(Entre ces deux récoltes, baillarge et colza, se place la luzerne. Il n'est pas d'usage, à cause de sa durée trop longue et essentiellement variable, de la faire figurer dans les assolements ; elle forme une sole en dehors et ne compte pas dans la durée de la rotation.)

13e année. Colza sur défrichement de luzerne.
14e — Blé.
15e — Avoine.

Dans cet assolement, les lois de l'alternat sont observées avec la plus scrupuleuse attention. La même récolte ne se succède jamais à elle-même. Une plante salissante est toujours précédée et suivie d'une plante nettoyante, les luzernes et les trèfles ne sont ensemencés que sur une terre complétement débarrassée de mauvaises herbes, enfin les plantes à grain, auxquelles convient particulièrement un engrais décomposé, ne viennent qu'un an après la fumure. Il est vrai qu'il est fait une exception durant les trois dernières années de la rotation, pendant lesquelles se succèdent, sans fumure, trois récoltes épuisantes (colza, blé, avoine), dont deux salissantes (blé, avoine). Cette exception est non seulement permise, mais nécessaire. La fertilité du sol a été tellement accrue par la luzerne qu'il faut l'épuiser, en partie, pour que la verse des céréales, dans la rotation qui recommence, ne soit pas à craindre. La terre a été aussi suffisamment nettoyée par la luzerne pour que deux plantes salissantes consécutives soient sans inconvénient.

Ce n'est pas seulement par l'agencement de son assolement que la culture de la Chèvrelière se fait remarquer, mais aussi par les soins accordés à chacune des récoltes. A ce titre, elles méritent d'être passées en revue :

CULTURES FOURRAGÈRES.

Luzerne. — Plus que dans toute autre exploitation, la luzerne joue à la Chèvrelière un rôle important. Par suite de l'impossibilité d'obtenir des prairies naturelles, elle forme la base de l'alimentation du bétail. Aussi la surface qui lui est consacrée est-elle considérable, et est-elle placée dans les meilleures conditions de réussite et de prospérité. Elle vient dans la baillarge, après des plantes sarclées. Le sol, pour ces récoltes, a été profondément défoncé, fortement fumé et débarrassé par elle des herbes adventices. Enfin la baillarge est la plante qui convient le mieux pour servir de couverture aux jeunes luzernes. La luzerne n'est semée aussi qu'alors que le sol a reçu 90 à 100 hectolitres de chaux.

Les plantes sarclées qui précèdent la luzerne sont arrachées dans le courant de l'hiver ou au commencement du printemps. Avant le mois d'avril, époque des semis, le sol reçoit au moins deux labours et autant de hersages. La baillarge est d'abord enterrée sous raie; puis, sur ce labour, qui a été hersé, est semée à la volée la graine de luzerne. La semaille a lieu à deux fois. Une première moitié de la graine est semée en long et recouverte par un coup de herse, l'autre moitié est semée en travers et enfouie par un coup de rouleau en bois. La luzerne n'est jamais semée seule; elle est toujours associée à du sainfoin à deux coupes et à du trèfle. Le mélange a lieu dans cette proportion pour chaque hectare : luzerne, 25 kilos ; sainfoin, 50 litres; trèfle ordinaire, 1 kilo. Cette association a l'avantage, pendant les premières années, de mieux garnir le sol que ne le ferait la luzerne seule, et d'augmenter les rendements. La quantité de semence, pour la baillarge, est de 150 litres par hectare.

Les soins d'entretien se bornent à un hersage donné chaque année, au printemps. Cette façon s'exécute, à la Chèvrelière, à l'aide d'un instrument spécial connu sous le nom de *peigne*. Cet instrument se compose d'un chassis en bois formé de plusieurs traverses, dans lesquelles sont implantés des coutres en fer. Ce chassis est porté sur de petites roues. Au moyen d'un tour, le peigne peut être, pendant la marche, soulevé et débarrassé des herbes qui l'engorgent. Quoique une herse énergique produise, au printemps, les meilleurs effets sur les luzernes, le peigne est encore supérieur. Il est en usage à la Chèvrelière depuis la création de la première luzernière.

Tous les 5 ou 6 ans, les luzernières reçoivent, comme fumure, 50 mètres cubes de compost.

Ce compost est un mélange de chaux, d'herbes, de gazons, de curure de fossés, de terre, etc., auquel on incorpore, quelque temps avant son emploi, du fumier d'étable dans la proportion de 1/4. Il est à regretter de voir, dans une culture aussi bien entendue que celle de la Chèvrelière, mélanger du fumier à la chaux. Il est vrai que ce mélange n'a lieu qu'alors que, par suite de son contact avec la terre et des débris organiques, elle a perdu de son énergie. Il est vrai aussi qu'il a lieu en présence d'une quantité de matières terreuses assez grande pour absorber tous les produits volatils provenant de la décomposition du fumier. Néanmoins est-il bien prouvé que le fumier, employé séparément, ne produirait pas de tout aussi bons effets, tout en évitant pas mal de manipulations? Le plâtre a été plusieurs fois essayé par M. le baron Aymé, sur ses luzernes en terre non calcaire, il est resté toujours sans efficacité. C'est d'ailleurs le résultat qu'ont donné toutes les expériences du même genre.

La luzerne donne, par an, à la Chèvrelière, trois coupes et un pâturage. Le rendement des trois coupes peut s'estimer à 6,000 kilos en foin sec. La récolte se fait, pour le fauchage et le fanage, à bras d'homme ; pour le râtelage, à l'aide du râteau à cheval, mais à la condition que ce dernier instrument aura passé après le hersage du printemps. Sans cette précaution, beaucoup de débris se trouvent mêlés au foin.

Le pâturage est, en général, réservé aux bêtes à cornes. Celui seul des luzernes destinées à être rompues est abandonné aux bêtes à laine.

Dans les terres qui en portent pour la première fois, la luzerne dure au moins 15 ans, et à peine 9 à 10 ans, dans celles qui en sont à leur deuxième ou troisième fois. Cette diminution dans la durée, malgré l'intervalle de 15 ans qui sépare deux soles de luzerne, montre combien il est dangereux de la faire succéder à elle-même à trop court délai. Cet avertissement arrivera trop tard pour beaucoup de cultivateurs du département des Deux-Sèvres. Sur de nombreux points de ce département, il y a trente ans, la luzerne réussissait à merveille, et durait une vingtaine d'années. Actuellement, elle ne réussit pas toujours, et lorsqu'elle réussit, à peine est-ce pour trois, quatre, cinq ans au plus.

Dès que les luzernes se dégarnissent et qu'elles sont envahies par les herbes, elles sont défrichées. Cette opération s'exécute avant l'hiver, aussitôt après les semailles d'automne. La terre reste sur le labour de défrichement jusqu'au printemps. A cette époque elle est labourée en travers, hersée, puis roulée au Kroskill. Si l'ameublissement est suffisant, elle est ensemencée en pommes de terre, sinon les façons continuent, et elle est plantée en colza à l'automne.

Trèfle. — Ce fourrage est semé au printemps, dans un blé d'hiver. La graine, à raison de 20 à 25 kilos par hectare, avec 1/5e en ray-grass, est épandue après le hersage de la céréale et recouverte par un coup de rouleau. Le mélange de ray-grass au trèfle présente le grand avantage d'écarter tout danger de météorisation. Il en a un autre, à la Chèvrelière, il atténue la richesse du foin de trèfle, circonstance heureuse dans une exploitation où l'alimentation des animaux repose sur des fourrages dont le défaut est d'être trop substantiels, comme le sont les légumineuses.

Le trèfle ne dure qu'une année. Dès qu'il a fourni ses deux coupes, il est retourné; souvent même la deuxième coupe est enfouie en vert. L'avoine qui suit le trèfle peut être semée sur le labour de défrichement. Néanmoins, elle réussit mieux sur un deuxième labour.

Trèfle incarnat. — Ce trèfle succède toujours à une céréale d'hiver, soit blé, soit avoine. Le retouble est hersé vigoureusement en long et en travers. Sur ce hersage la graine est semée, puis recouverte par un coup de rouleau. La semence n'est jamais mondée, et la quantité en varie de 50 à 60 kilos par hectare. Le trèfle incarnat se récolte fin d'avril ou commencement de mai, sans avoir reçu aucun soin d'entretien. Aussitôt après ce fourrage, la terre est labourée et ensemencée en maïs fourrage, en choux ou en rutabagas.

Vesces. — Les seules vesces cultivées à la Chèvrelière sont celles d'hiver. Les vesces de printemps résistent difficilement à la sécheresse, dans des terres aussi perméables. Elles sont semées en lignes distantes de 0ᵐ 15, et dès les premiers jours d'octobre, afin de s'assurer par des semailles précoces de plus grandes chances de réussite. La quantité de semence est, par hectare, de 160 litres de vesces et de 1/5ᵉ en avoine. Ce n'est qu'après des expériences comparatives, fréquemment répétées, entre les vesces semées à la volée et celles semées en ligne, que M. le baron Aymé de la Chèvrelière a adopté définitivement ce dernier mode de semailles, comme donnant des produits plus forts, dans la proportion du quart. Ce fait est vrai dans les terres riches et bien cultivées, mais il cesse de l'être dans les terres pauvres et négligées. Là, la semaille à la volée aura toujours l'avantage sur celle en lignes. Les vesces viennent toujours après une céréale. Le terrain, aussitôt après la moisson, reçoit un coup de scarificateur, est labouré profondément, au moment des semailles, hersé, semé, puis hersé de nouveau après le passage du semoir. Cette récolte est toujours largement fumée. Le rendement des vesces peut s'évaluer à 20,000 kilos. Elles sont toujours consommées en vert.

Betteraves. — De toutes les variétés de betteraves qui ont été expérimentées à la Chèvrelière, et c'est le plus grand nombre, la *globe jaune* est celle qui a donné constamment les meilleurs résultats.

C'est toujours à une céréale que succèdent les betteraves. Aussitôt après l'enlèvement de la récolte, le sol est travaillé au scarificateur. Cette opération, que l'on peut remplacer par un hersage énergique, n'est pas assez connue ni assez répandue. Cependant, combien contribuerait-elle à la réussite des récoltes, en assurant leur netteté, et que de main-d'œuvre elle économiserait pour la destruction des mauvaises herbes! L'explication est facile : Dans une terre passée au scarificateur, les graines de mauvaises herbes, tombées pendant la moisson, enterrées peu profondément, germent, se développent, et il suffit d'un labour avant qu'elles soient arrivées à maturité, pour les détruire complétement. Il n'en est pas de même soit que la terre reste sans façons, soit qu'elle reçoive un labour. Dans le premier cas, le sol est trop tassé pour que la germination des mauvaises graines ait lieu. Au premier labour, elles sont enfouies trop profondément pour se développer, elles se conservent, dans la terre, intactes et sans perdre leur faculté germinative; à mesure qu'elles sont ramenées à la surface par les façons suivantes, elles naissent et infestent les récoltes pour longtemps. Pour la même cause, elles ne sont pas détruites en labourant après la moisson.

Dès que les semailles d'automne sont achevées, les champs qui doivent porter des betteraves reçoivent un labour d'hiver. Les labours de cette saison sont encore une façon qui n'est que trop rarement mise en pratique. Cependant, on se figure difficilement combien gagnent les terres, surtout celles qui sont argileuses, comme ameublissement et comme fertilité, de rester exposées après un labour, à l'action des gelées, des froids et des neiges. Les labours d'hiver, à la Chèvrelière, sont de véritables défoncements; leur moindre profondeur est de 0^m 30. Ils sont exécutés au moyen d'araires attelés de deux paires de bœufs.

Au printemps, la terre reçoit deux ou trois labours et autant de hersages. Quelques mois avant la plantation ou le semis, c'est-à-dire dès les premiers labours de printemps, le sol est fumé.

Le semis et la plantation ont été essayés concurremment à plusieurs reprises, sans pouvoir tirer, au point de vue du rendement, d'autre conclusion que celle-ci : tantôt c'est le semis qui est le plus avantageux, tantôt c'est la plantation. L'avantage reste au semis dans les années sèches, et à la plantation dans les années humides. Aussi, pour s'assurer un rendement moyen, est-il d'usage, à la Chèvrelière, de semer une partie de la sole de betteraves, et de planter l'autre, en consacrant à la plantation les champs dont la préparation, au moment des semis, est la moins avancée.

Le semis s'exécute à l'aide du semoir de *Curzay*, à raison de 4 à 5 kilos de graine par hectare, et à la distance de 0^m 60. Lors de la plantation, la distance entre les lignes est la même ; elle est de 0^m 40 à 0^m 50 entre les plants.

Dès que les betteraves semées sont suffisamment développées, elles sont éclaircies de 0^m 40 à 0^m 50. A partir de ce moment, leurs soins d'entretien sont les mêmes que pour celles qui sont plantées ; ils comprennent deux ou trois binages à la houe à cheval, complétés à la main.

Dans le courant d'octobre, les betteraves sont arrachées pour faire place à des céréales d'hiver. Elles sont décolletées au champ et conduites à la ferme pour y être conservées. Les feuilles sont enfouies ou consommées sur place par le troupeau. La conservation des betteraves a lieu en silos. On choisit pour leur emplacement un endroit sain, qui ne soit pas exposé à l'envahissement des eaux pluviales. Là, les racines sont disposées en tas, ayant la forme de dos d'âne, et qui ont comme dimensions : largeur, 1^m 50 ; hauteur, 1 mètre ; longueur, 10 à 15 mètres. Ces tas sont d'abord recouverts d'une couche de paille de 7 à 8 centimètres, puis d'une couche de terre de 0^m 30. Cette terre que l'on a soin de tasser à mesure qu'elle est mise en place, est retirée de petits fossés qui sont creusés à l'entour du silo, pour écouler les eaux pluviales. Avant la mise en tas des racines sont plantés, au milieu de l'espace qu'elles doivent occuper et de 4 en 4 mètres, des pieux de 1^m 80 de haut. Une fois le silo terminé, ils sont arrachés, et à leur place, reposant sur les racines, sont mises deux tuiles creuses pour servir de cheminées d'aération. Pendant l'hiver, à l'approche des fortes gelées, ces ouvertures sont bouchées avec de la paille. Il faut aussi s'assurer, de temps en temps, s'il n'y a point fermentation dans le silo; on le reconnaît aux cheminées d'appel, si on y ressent une certaine chaleur; s'il s'en exhale un air chaud et humide, il y a fermentation. On doit alors ouvrir le silo à une de ses extrémités, et attendre, pour le refermer, qu'il se soit refroidi. La conservation des betteraves s'opère ainsi, d'une manière parfaite, jusqu'à une époque très-avancée de l'année.

A la Chèvrelière, les betteraves sont exclusivement consacrées à l'alimentation des animaux, pendant l'hiver. Avant d'arriver à la crèche, elles sont lavées au laveur mécanique, puis débitées au coupe-racines. C'est le plus souvent associées à de la paille hachée ou à des balles qu'elles sont administrées au bétail, tant à laine qu'à cornes. Les rendements moyens sont de 40,000 kilos à l'hectare.

Rutabaga. — Dans la culture de la Chèvrelière, le rutabaga occupe le second rang parmi les plantes racines. La surface qui lui est consacrée chaque année, est moitié environ de celle qui l'est aux betteraves. La seule variété cultivée est celle de *Fitcairn*. Cette variété est à chair jaune et d'origine suédoise. Le semis, expérimenté comparativement avec la transplantation, a toujours eu l'avantage;

aussi, depuis quelques années, est-il seul en usage. Il s'exécute au moyen du semoir Curzay, en donnant aux lignes un espacement de 0ᵐ 60. Une condition essentielle est qu'il soit très-épais ; le rutabaga, semé très-dru, à raison de 4 à 5 kilos de graine par hectare, se défend beaucoup mieux des ravages des altises. Après le semis, la première façon de cette culture est un éclaircissage à la main, qui met les plants de 40 à 50 cent. les uns des autres, dans la ligne. Puis, viennent les binages à la houe à cheval, au nombre de deux ou trois, selon l'enherbement et le tassement du sol. Enfin un buttage en septembre.

Dans les champs qui ne doivent porter que des récoltes de printemps, les rutabagas restent en terre et ne sont arrachés que dans le courant de l'hiver, à mesure des besoins. Dans ceux qui sont destinés à des céréales d'automne, ils sont arrachés, puis conservés. Leur conservation est des plus facile, et bien plus que celle de la betterave, elle se fait en plein air. Dans un endroit abrité et s'égouttant facilement, les rutabagas sont disposés en couches minces ; puis, à l'approche des gelées, sont recouverts d'une couche de paille. Ce mode de conservation, en usage depuis quatorze ans à la Chèvrelière, a toujours réussi. Contrairement à ce qui se pratique pour la betterave, les feuilles de rutabagas sont, lors de l'arrachage, recueillies avec soin et données à consommer aux animaux.

Comme les betteraves, les rutabagas servent à l'alimentation du bétail, comme elles, ils sont préalablement lavés, coupés et mélangés avec de la paille ou des balles. Comme valeur nutritive, ils sont préférés à la betterave : ils relâchent moins les animaux et les poussent plus à l'embonpoint.

Les rendements, qui atteignaient il y a quelques années 45,000 kilos à l'hectare, sont descendus à 30,000 kilos. Cette diminution, dans les produits, tient à l'amélioration du sol. En effet, chose singulière, à mesure que l'on s'éloigne de l'époque du défrichement, que la terre se dépouille de ses caractères de terre de bruyère; en d'autres termes, à mesure qu'elle s'améliore, la réussite du rutabaga est moins assurée, ses rendements baissent et, à l'inverse des autres produits, il perd en qualité, il devient dur et ligneux. Cette observation n'est pas particulière à la Chèvrelière, elle a été faite dans d'autres exploitations placées dans les mêmes conditions.

Pommes de terre. — Les deux variétés de pommes de terre auxquelles M. le baron Aymé donne la préférence, sont : la pomme de terre *chardon* et la pomme de terre jaune de la *Saint-Jean*. La première est cultivée pour la nourriture des animaux, la seconde pour les usages culinaires de la ferme. La pomme de terre chardon a donné à la Chèvrelière, comme partout où la culture en a été essayée, les meilleurs résultats. Son rendement a toujours été double de celui des autres variétés. De plus, elle a, jusqu'ici échappé à la maladie. Il est à regretter qu'elle ne convienne pas mieux à la nourriture de l'homme.

Les pommes de terre ont toujours pour précédent une céréale d'hiver. Le sol qui doit les porter reçoit, jusqu'au mois de février les mêmes façons que pour les autres plantes sarclées, c'est-à-dire un coup de scarificateur aussitôt après la moisson et un labour d'hiver après les semailles d'automne. En mars, on fume et la plantation a lieu. Elle s'exécute, comme partout, sous raie. Les tubercules sont disposés toutes les trois raies, de manière a obtenir un écartement de 0,60 à 70 cent. entre les rangs, et 0,83 dans les lignes, la quantité de semence par hectare est de 20 à 22 hectolitres. Les tubercules sont semés entiers. M. le baron s'est toujours bien trouvé d'en agir ainsi.

D'ailleurs, de nombreuses expériences avaient déjà prouvé que c'était la manière d'obtenir des rendements plus élevés, et que la quantité de produits, était en raison du volume des tubercules semés. Dès qu'elles apparaissent, elles reçoivent un vigoureux hersage en long et en travers ; il n'est jamais trop profond tant qu'il n'atteint pas les tubercules. Ce hersage remplace avantageusement le premier binage et communique aux pommes de terre une vigueur à laquelle on serait bien loin de s'attendre. A cette façon, succèdent les binages à la houe à cheval en nombre suffisant pour tenir, jusqu'à l'arrachage, la terre meuble et nette de mauvaises herbes. A la Chèvrelière, les pommes de terre ne sont plus buttées. Des essais de buttage, renouvelés à plusieurs reprises, ont constamment fait conclure à l'inefficacité de cette opération. Il faut remarquer que cette observation s'applique à des terres profondément ameublies et à des variétés s'enfonçant naturellement en terre. Il ne serait peut-être pas prudent de la généraliser et de l'étendre à des terres superficielles, comme à des variétés ayant moins de tendance à pénétrer dans le sol que la pomme de terre chardon et celle de la Saint-Jean. Les rendements moyens sont de 250 hectolitres par hectare pour la variété chardon, et de 175 pour celle de la Saint-Jean. Aux pommes de terre succède une céréale d'hiver : blé ou avoine.

Carottes. — La carotte n'occupe qu'une place très-restreinte dans la culture de la Chèvrelière ; Elle n'est cultivée que dans la proportion strictement nécessaire à la nourriture des chevaux. A peine si, chaque année, il lui est consacré un 1/2 hectare de terre. Une aussi faible étendue pour une racine si précieuse comme valeur nutritive et si appétée des animaux, s'explique par ses exigences de main-d'œuvre. Il en sera ainsi toujours dans les exploitations bien tenues, tant qu'on ne sera pas arrivé à exécuter toutes les façons de culture à l'aide d'instruments.

La variété cultivée, à l'exclusion de toute autre, à cause des excellents résultats qu'elle a donnés jusqu'ici, est la *carotte blanche à collet vert*.

Le semis a lieu, en mai, sur une terre qui a porté l'année précédente des céréales, et préparée comme pour les autres racines. Il se fait au semoir, en distançant les lignes de 0^m 50. Une précaution à laquelle on ne manque jamais, est de frotter entre les mains ou entre deux toiles, la graine de carotte, jusqu'à ce qu'elle soit dépouillée de ses aspérités. On avance ainsi sa germination de plusieurs jours, ce qui permet à la carotte de sortir de terre avant un trop grand développement des mauvaises herbes. C'est au contact plus immédiat de la terre avec la graine que l'on doit, sans doute, attribuer cette germination plus rapide.

Aussitôt que la jeune plante montre ses premières feuilles hors de terre, elle est débarrassée à la main des herbes qui l'entourent; elle est en même temps éclaircie une première fois. Dès que les lignes sont assez apparentes, commencent les façons à la houe à cheval. En même temps continuent les éclaircissages à la main, jusqu'à ce que les plantes soient à 0,20 les unes des autres. En octobre, les carottes sont arrachées et conservées à l'intérieur des bâtiments. Elles peuvent aussi se conserver en silos, mais

2

avec moins de facilité que les betteraves, et à la condition qu'ils aient de moindres dimensions. Les carottes pourraient aussi, par les hivers peu rigoureux, rester en terre et n'être arrachées qu'au fur et à mesure des besoins, mais ce serait beaucoup risquer que de les laisser exposées à des froids d'une certaine intensité. On compte, en moyenne, à la Chèvrelière, sur 50,000 kilos par hectare.

Topinambour. — Dès les premières années de sa culture, M. le baron Aymé essaya du topinambour. Cette plante a non-seulement réalisé, mais même dépassé tout ce que l'on pouvait en attendre. Aussi prend-elle, chaque année une plus large place dans l'assolement de la Chèvrelière. Pour qui connaît les avantages de ce précieux tubercule, pour qui a été témoin des services qu'il rend dans les contrées où il est cultivé en grand, il y a lieu de s'étonner de ne pas lui voir prendre plus d'extension dans les Deux-Sèvres. Tous les terrains lui conviennent : riches ou pauvres, profonds ou superficiels, à peine s'il demande quelques façons. Il n'est pas utile de le semer chaque année. Pour les maladies, on ne lui en connaît pas. Insensible aux variations atmosphériques, que l'année soit sèche ou humide, son rendement reste à peu de chose près le même. On lui reproche, il est vrai, la difficulté que l'on éprouve pour le détruire et en débarasser le champ qui l'a porté. De ce reproche, il n'est guère tenu compte à la Chèvrelière. M. le baron Aymé sait bien que dès qu'il voudra débarrasser un de ses champs du topinambour, il n'aura qu'à lui faire succéder une plante fauchable, comme des vesces, ou une plante sarclée. L'important pour détruire le topinambour, c'est que ses rejetons soient coupés au printemps à leur sortie de terre.

La variété de topinambour cultivée à la Chèvrelière, est la variété commune à tubercules rougeâtres. Elle est d'ailleurs la seule en usage dans la grande culture. Pour le topinambour, la préparation du sol, la manière de semer et l'époque sont les mêmes que pour la pomme de terre. Seulement, la distance à observer, tant dans les lignes qu'entre, doit être moindre. Ainsi, 0,50 à 0,60 entre les rangs, et 0,25 entre les plants, tel est l'éloignement le plus convenable. Il ne faudrait pas aussi couper les tubercules, comme cela se pratique pour les pommes de terre; ce serait les exposer à pourrir. La quantité de semence est de 15 à 20 hectolitres par hectare. A leur sortie de terre, il leur est donné un vigoureux hersage. Ils reçoivent après des façons à la houe à cheval, jusqu'à ce qu'ils couvrent assez le sol pour se défendre des mauvaises herbes. A l'automne, les topinambours ne sont pas arrachés; ils restent en terre, et ne le sont que dans le courant de l'hiver, suivant les besoins, ou quelques jours à l'avance, si on prévoit que la gelée viendra interrompre l'arrachage. Quelque soit l'intensité du froid, il n'y a pas à craindre qu'ils gèlent. Voilà pour la première année. La seconde, le champ, aussitôt après les gelées, est labouré comme le serait tout autre. Malgré ce labour, malgré les soins apportés à l'arrachage, il reste encore dans le sol assez de petits tubercules pour garnir le champ de leurs rejetons. Ils naissent. A ce moment, ils sont hersés vigoureusement. Puis, quelque temps après, mais avant que les tiges soient trop dures pour ne pouvoir être coupées, on passe la houe à cheval dans le champ, de manière à les mettre en lignes. Ensuite, ce sont les mêmes soins que l'année précédente. Tous les deux ans, ils sont fumés, au moment du labour de printemps. Depuis quatorze ans, des topinambours sont ainsi cultivés dans le même champ; jusqu'ici on n'a remarqué aucune diminution dans leurs produits. Les rendements se comptent à raison de 250 hectolitres combles par hectare, du poids de 78 à 80 kilos.

Les tubercules entrent dans la ration de tous les animaux de la ferme : bœufs, vaches, chevaux, porcs et moutons. Pour les seuls animaux de l'espèce bovine, ils sont coupés. Pour les autres, ils sont simplement lavés, opération qui s'exécute parfaitement au laveur mécanique, pourvu qu'ils aient trempé quelques heures. A défaut de lave-racines, le lavage s'opère dans un baquet rempli d'eau, à l'aide d'un balai présentant une certaine rigidité.

Les feuilles et les tiges de topinambours n'ont été utilisées jusqu'ici que comme litière pour la porcherie. Mais, à en juger par un essai dont nous avons été témoin, essai fait avec des tiges noircies par la gelée et qui furent acceptées sans trop de répugnance par des bœufs, il y a tout lieu de croire que prises au moment de la floraison, alors que leur enlèvement ne doit plus influer sur la croissance des tubercules, et passées au hache-paille, elles seraient consommées sans difficulté par le bétail. D'ailleurs, un essai doit être fait à la Chèvrelière, lors de la prochaine récolte, dans ces conditions.

Chou. — Deux variétés de choux sont cultivées à la Chèvrelière : le *chou moëllier* et le *chou cavalier*, l'un pour être consommé avant l'hiver, l'autre avant et après. Comme les autres plantes sarclées, les choux ont pour précédent une céréale. La préparation du sol est aussi la même. Le fumier frais sortant de l'étable est l'engrais qui leur convient le mieux. Cette observation n'a pas seulement été faite à la Chèvrelière, elle est tenue pour certaine partout où se cultivent en grand les choux.

La transplantation a lieu en juin ; elle s'exécute au plantoir, à raison de 24,000 par hectare, ainsi répartis : 0,60 dans les lignes et 0,70 entre. Si le sol vient, après la plantation, à se tasser et à s'enherber, à tel point de nuire à la croissance des choux, on bine, sinon la seule façon qu'ils reçoivent est un buttage au moment où ils vont couvrir le sol de leurs feuilles.

Dès les premiers jours de septembre, l'effeuillage commence ; il porte surtout sur les moëlliers, qui sont coupés au moment des semailles d'automne, pour faire place à des céréales d'hiver. La récolte des feuilles continue pour les choux cavaliers jusqu'aux froids. Elle est alors interrompue pour être reprise au printemps. Enfin, au moment où commence la floraison, ils sont coupés. Pour faciliter la consommation des troncs, il est d'usage de les passer au hache-paille. Grâce à cette précaution, les animaux n'en laissent pas la moindre parcelle.

Les choux sont une des récoltes fourragères qui réussissent le mieux à la Chèvrelière. Le rendement en est considérable : il atteint jusqu'à 90 et 100,000 kilos à l'hectare pour les cavaliers. Les moëlliers, à cause de leur récolte avant l'hiver, produisent un peu moins.

Maïs. — Le maïs est exclusivement cultivé à la Chèvrelière pour la nourriture du bétail. Le premier semis a lieu, fin de mai, sur la terre qui a porté des vesces. Celle-ci a déjà été fumée à l'automne, néanmoins elle l'est encore pour le maïs, car il est épuisant et, sans cette nouvelle fumure, il serait à craindre que la récolte suivante n'eût à souffrir d'être venue après lui. Cette culture a toujours lieu en lignes, espacées de 0^m 50 et 0^m 30 suivant la saison plus ou moins avancée; elle est ainsi disposée à l'aide du semoir. A partir de ce premier semis, il en est fait un nouveau tous les quinze ou vingt jours, jusqu'à la mi-juillet, afin de s'assurer du fourrage vert jusque fin de septembre. Un ou deux binages à la houe à cheval, complétés à la main, sont les seules façons que comportent la culture du maïs.

Dans les premiers temps de la récolte d'un champ de maïs-fourrage, les tiges sont tendres et facilement consommées par les animaux. Plus tard elles durcissent, et souvent ils les refusent. On a soin alors de les diviser au hache-paille. Le maïs est un de ces fourrages que l'on ne peut trop recommander, comme offrant une précieuse ressource par les temps secs de l'été. Les rendements du maïs-fourrage varient en moyenne de 20 à 40,000 kilos. Ils sont à la Chèvrelière de 55,000 kilos.

Ce n'est pas par oubli que, dans cette revue des plantes fourragères cultivées à la Chèvrelière, il n'est pas question des prairies naturelles; mais il n'en existe point, malgré toutes les tentatives qui ont été faites pour en créer. Cet insuccès est dû, comme nous le disions dès le début, à la trop grande perméabilité du sous-sol.

PLANTES EXPORTABLES.

Les plantes exportables sont celles dont les produits sont vendus et consommés hors de la ferme. Telles sont le blé, l'avoine, l'orge, le colza, le seigle, le maïs, etc. En fait de plantes de ce genre on cultive, à la Chèvrelière, le colza, le blé, l'avoine et l'orge d'été.

Colza. — Le colza vient toujours sur un défrichement de luzerne; il ne pouvait être mieux placé, car c'est surtout sur une terre depuis longtemps en repos et chargée de nombreux détritus organiques, que se plaît cette crucifère. Les façons préparatoires ont été indiquées à l'article luzerne, nous n'y reviendrons pas.

La transplantation est seule en usage à la Chèvrelière; elle se fait dans le courant d'octobre, à la charrue avec du plant semé fin de juillet ou commencement d'août. Le plant est déposé de 30 en 30 centimètres, sur le bord de la raie et recouvert au retour de la charrue. La distance ménagée entre les lignes est de 0^m 60, distance qui s'obtient en ne plantant que toutes les deux raies. Jusqu'au printemps, le colza ne reçoit pas de façons. A cette époque, on le bine une fois à la houe à cheval. Il ne tarde pas à couvrir entièrement la terre de ses feuilles, et se défend alors parfaitement des herbes adventices. Au mois de juin, a lieu la maturité. Dès que la teinte jaune apparaît sur les feuilles et sur les siliques, il est coupé. Attendre plus longtemps serait s'exposer à de grandes pertes par l'égrenage, comme si on le coupait par une forte chaleur, au lieu de le faire le matin ou le soir à la rosée, ou encore après la pluie. Il est mis en javelles. Celles-ci sèches, il est battu à l'aide de gaules sur une bâche étendue dans le champ, sur un espace que l'on a débarrassé des troncs et aplani. La graine est grossièrement nettoyée et transportée au grenier, mélangée d'un grand nombre de siliques. Ce serait une faute que de lui faire subir un nettoiement complet, elle se conserverait moins bien et risquerait de s'échauffer. Chaque hectare rend en moyenne de 28 à 35 hectolitres.

Le colza est fumé avec du noir de raffinerie, à raison de 5 à 6 hectolitres par hectare. Jusqu'ici cet engrais a produit les meilleurs effets. On peut s'en étonner, au premier abord, car ordinairement il n'agit plus dès que la terre est chaulée. Le sol sur lequel on l'emploie à la Chèvrelière est chaulé, il est vrai, mais le chaulage date de plusieurs années pendant lesquelles une grande partie de l'élément calcaire a été épuisé par les récoltes et entraîné dans le sous-sol. Quant à cette condition, de contenir d'abondants débris organiques, que doit remplir toute terre pour que le noir n'y soit pas une matière inerte, elle l'est complétement dans un défrichement de luzerne.

Blé. — Cette céréale occupe, dans l'assolement de la Chèvrelière, une place à laquelle on devrait la retrouver dans toutes les exploitations. Elle vient, en effet, toujours entre deux plantes nettoyantes et jamais sur une fumure récente. C'est ainsi que l'on obtient des blés exempts, même sans binages, d'herbes adventices, pendant toute leur végétation, et qui, par ce motif, ne sont que rarement atteints de la rouille ; des blés que leur paille droite et rigide préserve de la verse, des blés, enfin, à grain lourd et pesant.

Les semailles ont lieu dans le courant d'octobre ; elles se font toujours autant que possible sur un labour datant de 15 jours à trois semaines : condition, sinon essentielle, du moins avantageuse au succès des emblavaisons d'automne. Il en est autrement de celles de printemps, elles doivent se faire sur un labour nouveau, pour ainsi dire derrière la charrue.

Le blé cultivé à la Chèvrelière est une des trois variétés de *Russie*, de *Victoria* et de *Noë*. La première est aussi connue dans le pays sous le nom de *petit blé rouge*, et la troisième sous celui de blé *debout*.

La semaille se fait à l'aide du semoir, en lignes espacées de 0^m 15. L'usage du semoir dans la culture du blé est un progrès que nous ne verrons se propager que lentement, et dans un avenir lointain. Il faut, en effet, pour que cet instrument puisse être utilement introduit dans une exploitation que la fertilité du sol et sa préparation aient atteint un degré inconnu dans la plupart des fermes. La semence est choisie parmi le plus beau grain et soigneusement débarrassée des mauvaises graines à l'aide du trieur Marot. Puis elle subit une préparation qui la débarrasse des germes de charbon et de carie. Les deux procédés du sulfatage qui ont le mieux réussi sont celui par le sulfate de cuivre et celui qui est dû à Dombasle. Pour sulfater le grain de semence au sulfate de cuivre, dans un baquet plein d'eau on fait dissoudre assez de sel de cuivre pour que le liquide soit d'un bleu foncé. Dans cette dissolution, on verse la semence, on brasse ; une certaine quantité de grains impropres à la semence viennent à la surface, ils sont enlevés. Au bout de trois quarts d'heure environ, le grain est retiré, puis épandu en couches assez minces pour sécher, et on recommence sur une nouvelle quantité. Le grain sulfaté, une fois sec, se conserve indéfiniment. C'est assez dire que le sulfatage peut avoir lieu avant les semailles, époque où les travaux pressent. Le sulfate de cuivre se trouve chez tous les pharmaciens et la plupart des épiciers sous le nom vulgaire de couperose bleue ; il en faut 125 grammes par hectolitre de semence. Le sulfate de cuivre est un poison violent contre lequel on ne saurait trop prendre de précautions.

Pour opérer comme Dombasle, on se sert de sulfate de soude ou sel de glauber et de chaux vive. Les doses par hectolitre de semence sont de 640 grammes de sulfate de soude, et de 2 kilogrammes de chaux environ. Le sel de soude est dissous dans 8 à 9 litres d'eau froide ou d'eau chaude ; par cette dernière, la dissolution est plus prompte. D'un autre côté, la chaux est éteinte. A cet effet, elle est placée dans un panier, plongée dans l'eau quelques secondes, puis abandonnée à elle-même jusqu'à ce qu'elle soit réduite en poussière. Ces premiers préparatifs terminés, on verse un hectolitre de froment soit sur un plancher, soit sur des carreaux ; un ouvrier, avec une pelle en bois, remue vivement le tas, tandis qu'un second y verse à mesure la dissolution jusqu'à ce que tous les grains soient humectés. On ne s'arrête que lorsqu'une plus grande quantité de liquide s'écoulerait hors du tas ; ordinairement 6 à 8 litres suffisent. A ce moment, la chaux est saupoudrée sur le tas dont le brassage continue. On reconnaît qu'il y a assez de chaux lorsque tous les grains en sont recouverts. L'hectolitre, ainsi préparé, est mis de côté et est remplacé par une nouvelle quantité de semence, à laquelle on fait subir le même traitement. La dissolution peut être préparée à l'avance, mais l'extinction de la chaux n'a lieu qu'au moment de l'employer. Le sulfate de soude, comme celui de cuivre se vend dans toutes les pharmacies et dans beaucoup d'épiceries, où il est connu surtout sous le nom de sel de Glauber.

La quantité de semence par hectare est de 140 litres. A la rigueur, elle pourrait être diminuée; cependant M. le baron Aymé a remarqué qu'il ne fallait pas demander au même pied de froment trop de talles. Par les printemps doux et précoces, il s'en produit un assez grand nombre pour garnir convenablement le champ. Mais par les printemps froids et tardifs beaucoup de talles avortent ou n'arrivent à maturité que longtemps après la tige-mère, et le produit s'en trouve considérablement réduit.

En mars, par un temps doux et menaçant la pluie, le froment est hersé, puis immédiatement roulé. Ce sont les seuls soins d'entretien jusqu'à la moisson. De binages, point. La moisson s'exécute toujours à la faux. Grâce à l'exemple que M. le baron Aymé a donné et qui n'a pas été perdu pour la contrée, il n'en est pas réduit à ses domestiques, il trouve, dans son voisinage, des faucheurs qui lui entreprennent sa moisson à raison de 20 fr. par hectare, compris le liage et le ramassage. Il est à désirer que cet exemple de travail à tâche porte ses fruits, maîtres et ouvriers y gagneront. Les ouvriers un accroissement de salaire et de bien-être provenant de l'exécution d'une plus grande quantité de travail, dans le même temps. Le tâcheron produit, en effet dans le même espace de temps, un $1/5^e$ de plus de travail que tout autre ouvrier. Les maîtres, d'être débarassés d'une surveillance incessante. Quelques jours après la moisson, le battage s'effectue. Les rendements ont déjà été donnés, nous n'y reviendrons pas.

Avoine. — L'avoine d'hiver, variété du pays, est la seule cultivée ; elle produit, en effet, en paille et en grain plus que celle de printemps. La semaille plus précoce que celle de froment, se fait d'ailleurs de la même manière, à raison de 200 litres de semence par hectare.

Au printemps, mêmes façons que pour le blé, c'est-à-dire un hersage suivi d'un roulage. L'avoine est aussi fauchée et battue comme le froment.

Orge. — L'orge, comme récolte, ne joue à la Chèvrelière qu'un rôle tout-à-fait secondaire. Elle ne se cultive, à peu près que pour servir de couverture aux jeunes luzernes. En traitant de celles-ci, nous avons indiqué les détails de la semaille de l'orge ; il est inutile d'y revenir. Jusqu'à la récolte, elle ne reçoit pas de façons. A cette époque l'orge est traitée comme les autres céréales, tant pour la moisson que pour le battage.

Fumier. — A la Chèvrelière, les fumiers sont l'objet non-seulement des soins les mieux entendus, mais on peut même dire qu'ils sont traités avec luxe. Les plates-formes sur lesquelles ils sont déposés sont abritées par des hangars recouverts de planches. C'est une disposition qui a été reconnue, sinon sans utilité, du moins très-couteuse d'entretien ; ces hangars, exposés aux émanations tièdes et humides des fumiers, sont d'une courte durée et demandent de fréquentes réparations. Aussi, ceux qui existent actuellement, une fois usés, ne seront-ils pas rétablis. Ils seront remplacés par une couche de terre étendue sur le fumier. Une pareille couche terreuse de 0m 25 à 0m 30, suffit parfaitement pour le garantir des ardeurs du soleil et du lavage des pluies. Outre la question d'économie, elle a encore sur les hangars, cet avantage d'absorber les produits volatils s'échappant du fumier, et de le tasser à mesure que s'opère la décomposition.

Les plates-formes de la Chèvrelière sont au nombre de deux. Leur forme est carrée. La fosse à purin est creusée sous l'une d'elles.

Selon les animaux, le fumier reste plus ou moins longtemps sous eux.

Les chevaux sont curés chaque jour. Mais leur fumier qui n'est que de la paille à peine salie, est reporté sous les bœufs et les vaches où il achève de s'imprégner d'excréments.

Le fumier des animaux de l'espèce bovine, bœufs et vaches, est enlevé moins fréquemment, tous les 15 jours, toutes les trois semaines, suivant la quantité produite ; autrement dit, il est laissé sous les animaux le plus longtemps possible. Plus long est ce séjour, meilleur il est.

La porcherie est vidée tous les trois à quatre jours, la cour seule ne l'est que tous les trois à quatre mois. Dans cette cour, on y entasse des tiges de colza, de topinambour et autres matières qui ne feraient que de mauvaise litière. Les porcs broient le tout, qui, mélangé à leurs excréments, se trouve converti en engrais. La quantité de fumier ainsi produite est considérable.

Le fumier de la bergerie est enlevé quatre fois par an seulement.

Le fumier, à sa sortie des étables est transporté aux plates-formes, sur des brouettes ou des civières. On évite soigneusement de le traîner sur le sol. Sur les plates-formes il est d'abord épandu à la fourche, par couches minces, en alternant les diverses espèces de fumier ; ensuite il est tassé fortement par le piétinement des ouvriers. La hauteur donnée au tas est de 2^m à 2^m 50. A ces soins ajoutons les arrosages. Ils ont lieu plus ou moins fréquemment, suivant l'état de dessiccation du tas. La moyenne est d'une fois par semaine. Ils se donnent à l'aide d'une pompe portative, sortie des ateliers de M. Prieur, à Chef-Boutonne. Le fumier n'est jamais *biné*, autrement dit, brassé.

Le séjour du fumier sur les plates-formes n'excède jamais trois à quatre mois. Lors de son emploi, il est coupé en tranches verticales, chargé, puis transporté aux champs, où il est disposé en petits tas espacés de 7 mètres en tous sens. Cette distance est la plus convenable pour l'épandage ; il a lieu aussitôt. C'est une faute que de laisser le fumier en fumerons. Fait-il beau et sec, il fermente et les produits volatils de la fermentation se perdent dans l'atmosphère.

Le temps, au contraire, est-il humide et pluvieux, il est délavé et la place qu'il occupe est fumée à l'excès au détriment des autres parties du champ. A mesure que l'épandage se fait a lieu l'enfouissement.

La fumure est de 24,000 kilos environ par hectare ; elle revient, à peu près, tous les deux ans.

Le fumier n'est pas toujours employé décomposé, il l'est aussi, souvent, à l'état frais. Ses effets ont toujours été excellents. L'agencement de l'assolement est le seul motif pour lequel le fumier n'est pas toujours employé ainsi.

Les urines des animaux qui ne sont pas retenues par la

litière sont recueillies dans de petites citernes placées à proximité des étables, et transportées ensuite dans la fosse à purin. La disposition des bâtiments ne permet pas de les y amener directement par des caniveaux. Lors des pluies, une certaine quantité d'eau vient dans la fosse à purins s'y mêler et les étendre. L'excédant de purin qui n'est pas absorbé par le fumier est utilisé en arrosages. L'épandage s'en fait au moyen d'un tonneau. Ce tonneau, monté sur deux roues, est percé à son arrière d'un orifice au-dessous duquel est suspendue une planche inclinée, sur laquelle tombe le liquide, et elle en opère la dispersion. Ce tonneau n'est d'ailleurs autre que celui qui est décrit par Dombasle dans son bon calendrier. Les récoltes auxquelles est appliqué le purin sont principalement les luzernes et les céréales. Les effets en sont merveilleux. Toute récolte ainsi arrosée semble sortir de terre et croître à vue d'œil. Il suffirait à ceux qui le laissent perdre d'en être témoin, pour qu'à l'avenir ils recueillent avec soin ce précieux engrais.

Défrichements. — Les défrichements, à la Chèvrelière, se font toujours à la charrue. L'écobuage y est, avec raison, complétement proscrit. Une terre écobuée est une terre qui, après une ou deux récoltes, est épuisée pour dix, douze et même quinze ans. Voici, d'ailleurs, le mode de défrichement qui a le mieux réussi à M. le baron Aymé. Il est à peu de chose près celui qui donne les meilleurs résultats en Bretagne, et qui y est généralement adopté. M. Rieffel, directeur de l'école impériale d'agriculture de Grand-Jouan, est un de ceux qui les premiers le firent connaître.

Pendant l'hiver, le sol est débarrassé à l'aide de la faux, des bruyères, ajoncs et autres broussailles qui le recouvrent. Vers le mois de janvier ou février on laboure. Ce labour est peu profond ; il ne dépasse guère 0,15ᶜ. Mais les bandes doivent être assez larges pour se recouvrir entièrement. Ce point est essentiel. La terre reste dans cet état une année entière. Elle est ensuite, au printemps, labourée en travers et hersée, et ainsi deux ou trois fois jusqu'au mois de septembre. Un de ces labours plus profond que les autres commence le défoncement qui sera complété plus tard. Au mois de septembre vient une récolte de colza repiqué avec 3 à 4 hectolitres de noir mis au pied. A la suite du colza, le défoncement est complété. Il est alors ensemencé en blé, après un chaulage de 70 à 75 hectolitres de chaux à l'hectare. Dans cette céréale est semé un trèfle, et la terre entre dans la culture normale. Cinq ou six ans après, elle est de nouveau chaulée à raison de 25 hectolitres de chaux à l'hectare, et ensemencée en luzerne.

L'important dans un défrichement est que la terre reste un an sur le premier labour. Ce laps de temps est nécessaire pour que les détritus organiques puissent se décomposer et se transformer en produits assimilables par les récoltes. Pour vouloir trop se hâter et devancer ce terme, on s'expose souvent à n'avoir que des récoltes avortées. Néanmoins, dans les landes qui ne sont couvertes que de bruyère courte et peu fournie, on peut adopter un mode de défrichement que nous avons souvent vu réussir, particulièrement dans la commune de Vasles, où il est fort pratiqué. La terre est débarrassée des bruyères, ajoncs, etc., et retournée dans le courant de l'hiver ou au printemps comme il est dit plus haut. En juillet ou en août elle est vigoureusement hersée ; puis, en septembre, on épand du noir, on sème du seigle, et un coup de herse recouvre le tout. La seconde année on laboure et on sème de l'avoine avec de la chaux.

Pendant les deux ou trois années qui suivent la mise en culture d'une lande les engrais phosphatés, comme le noir, produisent toujours de meilleurs effets que la chaux ; les récoltes sont mieux fournies en grains et moins exposées à la verse.

Chaulage. — Le procédé de chaulage qui a été adopté entre tous, à la Chèvrelière, consiste à déposer la chaux en petits tas à la surface du champ puis à les recouvrir de terre. Sous l'influence de l'humidité de la terre qui la recouvre, la chaux se délite et foisonne. Durant ce travail, il se produit des crevasses qui sont bouchées avec soin. Le délitement de la chaux demande sept à huit jours. Elle est alors brassée et mélangée de terre puis remise en petits tas. Quelques jours après, la chaux est brassée de nouveau. Alors entièrement mélangée avec la terre, elle est épandue. Une des conditions de réussite du chaulage, c'est que cet épandage ait lieu par un beau temps, et surtout que la chaux avant d'être recouverte ne soit pas surprise par la pluie. Si elle est détrempée, elle forme pâte, se répartit inégalement et reste sans effets. C'est ainsi que M. le baron Aymé a été obligé de chauler trois fois consécutives un champ avant d'obtenir d'effet, pour avoir laissé sa chaux exposée à la pluie lors des deux premiers chaulages. L'enfouissement de la chaux s'exécute toujours au scarificateur. Cet instrument convient mieux pour cette opération que la charrue ; il enfouit plus superficiellement. La chaux enterrée dès la première fois à trop de profondeur, échappe aux racines et se trouve bientôt entraînée dans le sous-sol, par les eaux pluviales. Les chaulages ont lieu à la Chèvrelière indistinctement à l'automne ou au printemps.

La dose de chaux de 100 hectolitres par hectare dure de 20 à 25 ans, ce qui donne un épuisement de 4 à 5 hectolitres par hectare et par an. Le troisième chaulage se fait à la même dose que le second, 20 à 25 hectolitres par hectare, et lors du retour de la luzerne sur le même champ.

Matériel. — Pour en avoir fini avec la culture proprement dite, il nous reste à parler du matériel, et à dire quelques mots du personnel.

A une époque où la main-d'œuvre devient de plus en plus rare, où l'instrument doit tendre chaque jour à se substituer de plus en plus aux bras de l'homme, le matériel dans toute exploitation bien tenue, devient une des parties les plus importantes, et il est essentiel qu'il soit bien composé. Tel est le cas à la Chèvrelière. On en est d'ailleurs frappé dès que l'on pénètre sous le vaste hangar qui en abrite les nombreux instruments. Pas un qui n'ait son travail marqué, pas un qui ait été réformé aussitôt qu'essayé. A l'usure de leurs différentes parties, on voit au contraire que tous ont servi et servent. S'il en est qui n'appartiennent pas aux derniers modèles connus, la cause en est à la date déjà ancienne de leur achat, et aux bons soins qui les ont conservés en bon état jusqu'ici. Nous ne pouvons mieux donner une idée du matériel agricole de la Chèvrelière, qu'en passant en revue les principaux instruments.

Charrues. — Pour charrues, on ne se sert guère que de charrues sans avant-train, sortant des ateliers de M. Rivaud, constructeur à Angoulême. Ces charrues sont au nombre de cinq, dont une de rechange. Seulement, par exception et pour les labours les plus difficiles, il est fait usage de charrues système Howard, construites à Curzay. Le modèle de charrues adopté par M. Rivaud, est celui de Dombasle peu ou point modifié. Selon nous, M. Rivaud a eu grandement raison. Parmi les charrues qui peuvent être introduites dans les campagnes, nulle autre n'ouvre mieux une raie et ne renverse mieux la bande. Ce sera un grand progrès, le jour où les constructeurs de village, imitant cet exemple, renonceront à modifier à leur guise telle ou telle pièce de l'araire Dombasle, et se borneront à le copier exactement dans toutes ses parties ; ils s'épargneront ainsi des tâtonnements coûteux qui n'aboutissent le plus souvent qu'à des modifications malheureuses, et leurs clients y gagneront des instruments meilleurs et moins chers. Ils ne doivent pas se le dissimuler, le moindre changement heureux apporté à tel ou tel outil n'a jamais été dû au hasard, mais a toujours coûté à son auteur des années d'études et de dépenses qui ne sont pas à la portée de tous.

Herses. — Les herses, au nombre de quatre, sont toutes à bâti de bois, les unes parallélogrammiques, système Valcourt, les autres couplées. Elles se construisent à la Chèvrelière même. Les herses carrées de Valcourt, comme les herses couplées sont bien supérieures à la herse triangulaire, tant au point de vue du tirage qu'elles exigent moindre, qu'au point de vue de l'ameublissement, qu'elles exécutent mieux ; Néanmoins elles ne valent pas la herse articulée de Howard, toute en fer, telle que la fabrique M. Sertain, constructeur à Sauzé-Vaussais, au prix de 70 fr. La herse Sertain, ne peut être trop recommandée et comme bas prix et comme perfection de travail.

Rouleaux. — En fait de rouleaux, deux : l'un destiné à recouvrir certaines graines fines, à aplanir le sol ou à le comprimer légèrement ; l'autre à briser et broyer les mottes. Le premier, d'une longueur de 1m 50 et d'un diamère de 0m 30 à 0m 35, est un rouleau en bois tiré d'un fort pied d'arbre ; le second est le rouleau Croskill, un des plus précieux instruments connus. Il faut le voir fonctionner dans une terre couverte de mottes, comme il les broie et les pulvérise ! Le rouleau Croskill a été inventé pour remplacer une manière assez singulière d'ameublir le sol. Dans certains comtés d'Angleterre, il était d'usage, lorsqu'il s'agissait d'émotter un champ, d'y promener un troupeau de moutons. Rien de mieux paraît-il, que le travail ainsi exécuté. Un constructeur anglais du nom de Croskill, chercha à construire un rouleau produisant le même effet. Après plusieurs années de recherches, il y parvint enfin, en formant son rouleau d'un certain nombre de disques armés de dents à leur pourtour et sur leurs faces latérales. Depuis, ce rouleau s'est de plus en plus propagé et se trouve maintenant dans toutes les fabriques d'instruments aratoires.

Houe à cheval. — On se sert à la Chèvrelière de deux houes à cheval ; de la houe Howard et de la houe Garsuault. De la houe Howard, dans les plantes semées en ligne, tant qu'elles n'exigent que des binages superficiels ; de la houe Garsuault, dans ces mêmes plantes semées en lignes, et dans celles repiquées, quand il s'agit de façons plus profondes. Grâce à l'exemple donné par la Chèvrelière, la houe à cheval tend à se propager dans l'arrondissement de Melle ; néanmoins, on ne peut que s'étonner qu'elle ne soit pas plus répandue, et qu'il y ait des

plantes sarclées encore façonnées à la main, lorsqu'on
réfléchit, que la houe à cheval est l'instrument le plus
facile à mener, le moins cher, et avec lequel un homme
et un cheval ou même un bœuf, peut, en un jour, biner
en betteraves, pommes de terre, choux, carottes, plus
que ne le feraient dix ou douze ouvriers. Il faut
ajouter que le travail est tout aussi bien fait et que
l'homme prend beaucoup moins de peine qu'à la bêche.
La houe Garsuault est une des bonnes houes que nous
nous plaisons à recommander. Prise à Thouars, elle coûte
52 francs. Certaines plantes, telles que les pommes de
terre, après les avoir binées il faut les butter, autrement
dit, accumuler à l'entour de leur pied une certaine quantité
de terre ; dans les terrains mouillés il faut aussi tracer
des raies d'écoulement. Ces deux opérations s'exécutent
à l'aide du *buttoir,* sorte de charrue à deux versoirs
mobiles ; celui de la Chèvrelière est d'origine anglaise et
de la fabrique Howard, il passe pour un des meilleurs.
Le buttoir northumberland que l'on rencontre dans presque toutes les fabriques d'instruments, est également
très-apprécié.

Fouilleuse. — Toutes les fois qu'on laboure plus
bas que d'habitude, et que la charrue ramène à la surface
de cette terre du dessous qui n'a jamais été remuée, il
peut s'en suivre une diminution dans les récoltes, les
premières années. La fouilleuse a été inventée pour obvier
à cet inconvénient, qui souvent arrête le cultivateur disposé à approfondir son sol. Faite pour suivre la charrue
dans la raie qu'elle a ouverte, la fouilleuse en remue le
fond, l'ameublit, sans le ramener à la surface. Celui-ci
une fois ameubli, s'aére, se pénètre des éléments des fu-

miers qu'y entraînent les eaux pluviales, il s'améliore, en un mot. Puis quelques années plus tard il peut être ramené à la surface sans craindre de mauvais effets ; on arrive de cette manière à approfondir son sol sans nuire à ses récoltes. A la Chèvrelière, le sol est amélioré assez profondément pour qu'il n'y ait, depuis plusieurs années, plus lieu de faire usage de la fouilleuse. Aussi n'est-il pas étonnant que celle que l'on y rencontre appartienne à un modèle déjà ancien et ne valant pas celle de Bazin perfectionnée par M. Bodin de Rennes.

Semoir. — Nous en sommes à un instrument qui joue un rôle important dans toute culture comme celle de la Chèvrelière, où tout est semé en lignes. Le semoir de Curzay, est à peu près le seul employé. Plus maniable que celui de Jacquet Robillard, il l'a presque complétement remplacé et on ne se sert plus de ce dernier que très-rarement. Le semoir de Curzay est facilement traîné par un cheval, et un homme le dirige sans peine, son train est de 0^{m}95 et dans un jour il peut ensemencer un hectare 50 environ. Il sème toutes sortes de graines fines ou grosses, à rangs éloignés ou rapprochés, à la condition d'avoir le soin d'écarter plus ou moins les tubes et de changer les cuillers, ce que permet de faire un mécanisme excessivement simple ; son prix est de 175 francs. Malgré ses nombreuses qualités, ce semoir, comme d'ailleurs tout semoir n'est de longtemps appelé à se propager beaucoup. Le semoir est l'instrument de la culture perfectionnée, il ne fonctionne convenablement que dans des terres qui ne laissent rien à désirer comme ameublissement, et les récoltes semées en ligne ne prospèrent réellement bien que dans les terres riches et bien préparées. Conditions qui sont loin d'être remplies dans la plupart des exploitations de nos contrées.

Faucheuse. — Une faucheuse provenant des ateliers de M. Laurent, de Paris, et dont l'acquisition remonte à deux ans environ, a été essayée à différentes reprises, elle a complétement échoué pour les premières et deuxièmes coupes de luzerne. On n'est parvenu à la faire fonctionner que pour les secondes et troisièmes coupes, encore ses résultats ne valent-ils pas ceux de la faux.

Faneuse. — Pas de faneuse ; cela se comprend, un pareil instrument si précieux pour le fanage des prairies naturelles, ne rendrait que peu de services à la Chèvrelière, où toutes les prairies sont artificielles. Il n'en est pas de même du râteau à cheval. Il est fait un fréquent usage durant la rentrée des luzernes et des trèfles, d'un instrument de ce genre fabriqué à Curzay. La faneuse et le râteau à cheval sont des instruments sur lesquels on ne saurait trop appeler l'attention des propriétaires de prairies naturelles. Faisant l'ouvrage d'une dizaine d'ouvriers, ce n'est qu'avec eux, maintenant que la main d'œuvre est si rare, que l'on peut être assuré de faire ses foins rapidement et en temps opportun.

Scarificateur — Cet instrument se ressent de sa date déjà ancienne ; lourd et massif, il n'a pas la légèreté, l'élégance même de ceux qui se fabriquent aujourd'hui, tels entre autres celui de Bodin de Rennes ; ses pieds ne sont pas aussi disposés pour pouvoir le transformer à volonté en extirpateur. Peu répandu dans nos contrées, le scarificateur est cependant un des instruments utiles d'une ferme. Nul ne convient mieux pour détruire les mauvaises herbes, qu'elles soient développées ou à l'état de graines, les premières comme le chiendent, l'avoine à chapelet, etc., en les extirpant du sol et en les ramenant à la surface, où elles sèchent et périssent; les secondes en les enfouissant légèrement pour qu'elles naissent, et qu'une fois à l'état herbacé, un labour les détruise sûrement en les recouvrant. Le scarificateur convient encore pour les hersages énergiques, tels que pour ensemencer une terre labourée depuis quelque temps, et qui est trop tassée pour être entamée par la herse; tels que pour enfouir la chaux, les engrais pulvérulents, les grosses semences, comme pois, fèves, maïs, etc., dans toutes les terres, et les céréales, dans les sols sujets à la gelée et au déchaussement. Il existe un grand nombre de scarificateurs aux formes les plus variées, néanmoins un scarificateur, quel qu'il soit, se compose toujours d'un bâti en bois ou en fer, armé de cinq à sept fortes dents, supporté par trois roues qui servent à le régler, à le conduire et à le ramener du champ, puis de deux mancherons à l'arrière au moyen desquels on le dirige, et enfin d'une chaîne d'attelage.

Pelle à cheval ou ravale. — Chaque fois qu'on laboure un champ, la charrue ramène sur les bords, les *chaintres*, autrement dit, plus ou moins de terre. Au bout d'un certain nombre d'années, cette terre s'amoncèle en un bourrelet autour du champ, et lui donnant la forme d'une cuvette, nuit à son égouttement, il faut la ramener au milieu. A la brouette, ce travail est long et dispendieux, on a cherché à le simplifier au moyen de la pelle à cheval. La pelle à cheval se chargeant pour ainsi dire d'elle seule et fonctionnant avec des bœufs ou un cheval, réalise, en effet, une certaine économie de main-d'œuvre, dans ce genre de travail et dans celui de tout nivellement à courte distance. Celle de la Chèvrelière est toute en fer. On en fabrique maintenant de moins massives, dont une partie est en bois, elles valent de 75 à 80 francs, chez M. Aymé-Forestier, à Niort.

Machine à battre. — La machine à battre appartient au système Pinet, grand modèle avec manége à colonne, et sort, ainsi que le tarare qui l'accompagne, des ateliers de ce fabricant, à Abilly; cette machine est assez connue pour qu'il n'en soit pas plus longuement question.

Lave-racines. — Les racines en sortant du champ ne peuvent pas toujours être données aux animaux; elles sont trop salies de terre et il faut les en débarrasser par un lavage, qui ne s'effectue bien et rapidement qu'au lave-racines. Cet instrument a encore été fourni à la Chèvrelière par Curzay. Comme la plupart des lave-racines, il se compose d'un cylindre à claire voie, garni à son intérieur d'une hélice et plongeant dans une caisse remplie d'eau, puis d'une trémie. Les racines, versées dans cette trémie, pénètrent dans le cylindre que fait mouvoir un homme au moyen d'une manivelle, et le traversent dans toute sa longueur. Durant ce parcours, en contact avec l'eau, se frottant les unes aux autres, elles sont débarrassées de la terre qui y adhère et sortent propres à l'autre extrémité du lave-racines. De temps en temps l'eau, devenue bourbeuse, est remplacée par de nouvelle.

A la Chèvrelière, le lave-racines est placé près d'une citerne et alimenté par une pompe.

Coupe-racines. — Les racines une fois lavées ne peuvent pas encore être données aux animaux; il faut les couper; ce travail qui peut très-bien se faire à la main est bien plus rapide au coupe-racines. Là où il faudrait à la main plusieurs heures, à peine faut-il quelques minutes au coupe-racines; il en existe un nombre infini de modèles; celui de la Chèvrelière est anglais et de Gardener. Selon que l'on tourne la manivelle dans un sens ou dans un autre, il débite en tranches épaisses pour les animaux de l'espèce bovine, ou en lames minces pour les moutons. Sans dénier les bonnes qualités du coupe-racine Gardener, nous nous demandons si celui de M. Paul-François, dont un dépôt est à Niort chez M. Marot, ne le vaut pas.

Hache-paille. — Le hache-paille est encore un des instruments employés pour préparer la nourriture du bétail. Certains fourrages, parmi les fourrages verts, les troncs de choux, les côtes de maïs, ne sont consommés qu'à la condition d'être coupés ; parmi les fourrages secs les plus durs, les plus ligneux, la paille surtout gagne à être hachée et mêlée à des racines. Ce sont là les conditions où il est fait usage du hache-paille à la Chèvrelière, les seules d'ailleurs où il puisse rendre des services, car pour y faire passer tous les fourrages, même ceux que consomment le mieux les animaux, c'est les surcharger de frais inutiles sans ajouter sensiblement à leur valeur nutritive.

Le hache-paille et le coupe-racines sont mus par le manége de la machine à battre, au moyen d'une transmission de mouvement par courroies et poulies de renvoi.

Trieur. — C'est le trieur Marot, de Niort, dont on se sert à la Chèvrelière, pour trier les grains de semence. La valeur de cet excellent instrument est généralement assez connue et assez appréciée pour qu'il n'y ait pas lieu de la faire ressortir ici.

Véhicules. — En fait de matériel roulant, des chariots, des charrettes, des tombereaux, tous véhicules construits d'après les modèles du pays.

Ustensiles de laiterie. — Si maintenant nous pénétrons dans l'intérieur de la maison de ferme, nous y trouvons les ustensiles de laiterie. Ce ne sera peut-être pas la partie la moins intéressante à étudier, si nous tenons compte des procédés défectueux pour la fabrication du beurre en usage dans le département des Deux-Sèvres. Dans la plupart des fermes, pour ne pas dire dans toutes, on fait crémer le lait dans des vases profonds et peu évasés. Aussi, que le lait soit chauffé ou non, la crème met-elle longtemps à monter, et pour peu qu'ensuite on tarde à la battre, elle ne donne plus que du beure au goût fort et rance. Pour qui y est habitué, cette différence peut ne pas exister, mais pour l'étranger qui, comme nous, a longtemps habité la Bretagne et goûté du beurre de la Prévalais et d'Isigny, elle ne peut lui échapper. A cela tient que le beurre des Deux-Sèvres, n'a pas dans le commerce la réputation que lui donneraient de meilleurs procédés de préparation.

A la Chèvrelière, on se sert pour faire le beurre de crémeuses artificielles et d'une baratte. Une crémeuse artificielle est un vase en zinc, de forme carrée, d'une profondeur qui ne dépasse pas 0^{m}10, muni d'un robinet au milieu de son fond et supporté par un petit tréteau en bois. Dans cette crémeuse on verse le lait et, sans chauffer, au bout de vingt-quatre heures en hiver et de douze heures en été, la crème est toute montée. Au lieu de l'enlever avec une cuiller, on ouvre le robinet, le lait écrémé s'écoule et, si on a soin, lorsque la crème va commencer à passer, de tourner le robinet, elle reste toute dans la crémeuse. De là, elle est transvasée dans la baratte ou dans un autre vase ; on écrème ainsi en quelques minutes tout ce que l'on peut avoir de lait. Il y a des crémeuses de toutes dimensions. Le plus habituellement elles contiennent de six à huit litres de lait. On construit aussi des crémeuses en verre, la forme est alors ronde et le robinet est remplacé par un bouchon de verre à long manche. Pour écrémer on enlève ce bouchon au lieu de tourner un robinet ; ces crémeuses plus propres, plus élégantes qu'en zinc, sont en revanche plus cassantes; une crémeuse en zinc vaut de 5 à 6 francs et en verre de 8 à 10 francs. La baratte est celle de Fouju, fabricant à Poissy, actuellement une des plus prisées.

Le lait écrémé et le lait de beurre sont consommés par la porcherie.

Personnel. — Le personnel, chargé d'exécuter les différents travaux de la ferme et de panser le bétail, se compose en temps ordinaire de six domestiques. Pendant les grands travaux, ce nombre est porté à douze au moyen de tâcherons et de journaliers. Ils opèrent sous la direction de l'intelligent et actif chef de pratique de la Chèvrelière, Baubeau, qui reçoit les ordres de M. le baron Aymé.

En outre, trois servantes sont chargées des soins du ménage et de la porcherie.

Viennent maintenant les spéculations animales :

Bœufs de travail. — Les bœufs de travail sont au nombre de huit et appartiennent à la race auvergnate de Salers à poil rouge. Pris à l'état de veaux, ils sont élevés et conservés jusqu'à six ans. A cet âge, ils sont engraissés et vendus pour la boucherie. L'engraissement commence aussitôt les semailles d'automne achevées, et dure environ trois mois. Il se fait avec du foin et des racines. Ce n'est que sur la fin que les animaux reçoivent, sous forme de farine, la valeur d'un hectolitre de seigle ou de baillarge. C'est ainsi que procèdent, en fait d'engraissement, les fermiers de l'arrondissement de Bressuire, bien supérieurs en cela à ceux de l'arrondissement de Melle, qui n'engraissent qu'aux fourrages secs et aux grains, sans racines, sans vert aucun. Aussi n'arrivent-ils que plus longtemps après et avec beaucoup plus de frais à mettre leurs animaux en état. Chaque année, une paire de bœufs est engraissée à la Chèvrelière, et on peut estimer de 250 à 300 fr., le bénéfice résultant du fait de l'engraissement. Le mode d'attelage est le même que dans le pays; ils tirent au joug et rarement plus de deux ensemble.

Chevaux. — Les chevaux ne sont l'objet d'aucune spéculation, ceux de travail, au nombre de quatre, sont consacrés exclusivement aux travaux de la ferme. Achetés à l'âge de 5 à 6 ans, ils sont revendus entièrement usés pour être remplacés par d'autres. La ferme nourrit en outre neuf chevaux de luxe, véritables parasites consommant sans produire, dont la nourriture, à vrai dire, est portée en recettes pour la ferme, mais non dans les conditions où la consommeraient des animaux de rente.

Aux chevaux sont réservés les hersages et les transports.

Veaux d'élève. — Comme les bœufs de travail, les veaux d'élève sont de la race auvergnate de Salers; il en est acheté, chaque année, huit vers le mois de septembre, aux foires de Ruffec, aux prix de 350 à 400 fr. la paire. Ils ont alors de 8 à 10 mois, ils sont gardés ordinairement 18 mois et revendus vers le mois de mars de la seconde année. Le bénéfice prélevé au bout de ces dix-huit mois est de 350 à 400 fr. par paire. Durant le même laps de temps, on ne compte guère dans le pays que sur 250 francs, cette différence n'a rien qui puisse étonner si on tient compte de la manière dont ils sont nourris. Aux alentours de la Chèvrelière et dans tout l'arrondissement de Melle, il ne se cultive que très-peu de racines et de fourrages verts. Qu'arrive-t-il? Dès le mois de novembre, dès que les froids sont arrivés, les veaux d'élève en sont réduits à une alimentation exclusivement sèche, et quelque copieuse qu'elle soit d'ailleurs, leur peau ne tarde pas à se dessécher, leur poil se pique, ils cessent de croître, et cela jusqu'en mai, pendant 6 mois. Les choses ne se passent point ainsi à la Chèvrelière. Dès que les animaux ne peuvent plus trouver de nourriture verte au dehors, elle leur est donnée à l'étable. Aussi tout l'hiver leur poil reste-t-il frais et brillant, et leur croissance ne subit point d'arrêt.

Vaches laitières. — Les vaches laitières sont pour la plupart Parthenaises, choisies parmi les types les plus laitiers de cette race, et pouvant, fraîches vêlées, donner de 15 à 18 litres de lait par jour, en trois traites. Indépendamment de celles-ci une est Durham, et deux ou trois croisées Durham hollandaises. Le nombre total en est de douze, saillies par un taureau Parthenais; les veaux mâles ainsi que les femelles mal conformées, sont livrés à la boucherie à l'âge de six à huit semaines. Les seules vêles promettant d'être laitières, sont élevées pour le recrutement de la vacherie. Les vaches, une fois vieilles, sont mises en état et vont chez le boucher. Une partie du lait, nous l'avons dit, est convertie en beurre, l'autre est consommée en nature, soit au château, soit à la ferme.

Bergerie. — La bergerie se compose en temps ordinaire, de 60 brebis mères et de 5 béliers, sans compter une cinquantaine d'agneaux, du mois de janvier au mois d'août. Sauf deux ou trois brebis mères, toutes sont pures soutdhown, ou soutdhown croisées avec les bêtes du pays.

Le croisement anglais transforme véritablement la race poitevine, son corps s'arrondit, se rapproche de terre, la poitrine prend plus d'ampleur, la croupe s'élargit, le cou, le poitrail, le ventre, complétement dénudés chez la poitevine, se recouvrent de laine, la toison devient plus épaisse et plus tassée, sans cependant être ni plus fine ni plus soyeuse. Autre transformation; elle gagne en précocité : alors qu'il faut trois ans au mouton poitevin pour arriver au terme de sa croissance, le croisé soutdhown n'en demande que deux, et à cet âge tout aussi pesant, sinon plus, il prend mieux la graisse. A la Chèvrelière, on se borne à faire naître; on n'engraisse que les vieilles brebis qui ne peuvent plus produire, et on n'élève que pour les remplacer. La serte a lieu d'août à fin de septembre, les agneaux naissent de fin décembre à février, et sont vendus en août suivant, sur les marchés voisins, où ils trouvent très-bien acheteurs au prix de 16 à 18 fr. la pièce.

Quant à la nourriture, le régime est mixte, pâturage et ration supplémentaire à l'étable. Pâturage une partie de la journée sur quelque vieille luzerne, quelque trèfle à défricher, ou encore sur les chaumes ou autres terres sans récoltes. A l'étable, du vert pendant l'été, et l'hiver des fourrages secs et des racines, ceci est le régime des brebis mères. Les béliers ne quittent jamais leurs boxes, ou s'ils sortent quelques heures par jour, c'est pour prendre l'exercice nécessaire à leur santé. Leur nourriture est la même que celle des brebis mères, à l'étable, vert pendant l'été et fourrages secs et racines durant la mauvaise saison. Pendant la monte seulement, ils reçoivent une petite portion de grain.

Porcherie. — La porcherie est une des spéculations les plus fructueuses de la Chèvrelière, et plus d'une année, son compte s'est soldé par 3,000 fr. de produits. De 8 à 10 truies, de 2 à 3 verrats pour la serte, tel est l'effectif courant de la porcherie, abstraction faite des porcs et des porcelets, dont le nombre varie à chaque instant. Parmi les truies pas plus que parmi les verrats, il n'y a d'animaux de la race du pays, race dégénérée et n'ayant de la craonnaise que le nom. Deux truies seulement sont croisées, les autres ainsi que les verrats sont des grandes races anglaises, telles que la Berskire, la Leicester, la lord Radnor. Rien de plus rustique que ces truies anglaises ou croisées. A la Chèvrelière, en tout temps, elles vivent en plein air dans une cour, et n'ont pour s'abriter qu'un hangar attenant à cette cour. Leur nourriture se compose pendant l'été de verts de toute sorte : trèfle rouge, trèfle incarnat, luzerne, vesces, etc., durant l'hiver de racines, betteraves, topinambours, etc., sans jamais faire cuire, et d'un peu de son frisé. L'expérience a été faite pour savoir si des truies de la race du pays pourraient s'accommoder d'un pareil régime. Quelques-unes y furent soumises, elles ne tardèrent pas à dépérir, et il fallut les retirer. Ce fait s'explique par la différence de conformation. La bête anglaise, plus arrondie, la poitrine plus ample, est bien mieux faite pour retirer des aliments tout ce qu'il peut y avoir de nourrissant que la truie du pays, au corps étroit et resserré. Ce n'est que quinze jours ou trois semaines avant la mise bas, que les truies sont rentrées et nourries plus copieusement aux aliments cuits et à la farine. Ce régime dure jusqu'à la vente des porcelets, qui a lieu de huit à neuf semaines. Leur prix à cet âge, a été en moyenne de 20, 25 et 30 fr. la pièce, sauf quelques-uns qui exceptionnellement conformés ont atteint pour la reproduction 40 et 50 fr. La moyenne des portées est de huit à dix. Les porcs, élevés pour la consommation du château et de la ferme, vivent du même régime que les truies mères. Seulement trois semaines avant de les tuer, on les rentre et on leur donne du grain, de la farine. Tués à dix-huit mois, ils pèsent de 140 à 150 kilog. Les verrats, toujours dans leurs boxes, reçoivent une nourriture plus substantielle. Ils ne servent pas seulement les truies de la Chèvrelière, mais aussi les truies étrangères que l'on y amène.

Basse-cour. — Nous avons peu de chose à dire de la basse-cour. Nous dirons seulement que des différentes espèces de poules qui s'y sont succédé, les *houdan* et les *crève-cœur*, sont celles qui ont donné les meilleurs résultats, et qui ont été définitivement adoptées; soumises au même régime que celles du pays, elles sont plus précoces et plus volumineuses. Les autres volailles sont de la race du pays qui ne présente rien de particulier.

Bâtiments. — Les bâtiments au sujet desquels nous ne pouvons entrer que dans peu de détails, faute de plan, sont généralement bien disposés, surtout la porcherie, au point de vue de l'aménagement intérieur. On pourrait seulement leur reprocher de manquer d'ensemble et de symétrie. Bâtis successivement, on voit qu'ils ne l'ont pas été d'après un plan conçu dès le premier abord pour une grande ferme.

Résultats financiers. — Plus d'un de nos lecteurs se sera déjà posé cette question : que coûte cette culture, que rapporte-t-elle? On ne peut y répondre que par des chiffres. Les voici pour deux années : 1864 et 1865.

1864. Recettes 17,722 f. 40 : dépenses 11,571 f. 95.
1865. Recettes 19,728 f. 00 : dépenses 10,669 f. 48.

D'où il résulte un bénéfice net de 8,804 fr. 60 pour 1864, de 9,058 fr. 45 pour 1865, et un bénéfice moyen de 8,931 f. 50 pour les deux années.

Ces chiffres sont tirés d'une comptabilité très-détaillée tenue avec le plus grand soin depuis 1822.

Nous eussions pu faire remonter nos recherches plus haut que nous ne l'avons fait, et indiquer l'origine de chacune des recettes, et de chacune des dépenses, nous ne l'avons pas fait de crainte d'étendre outre mesure ce travail. Il n'y a pas à se le dissimuler, de pareils résultats n'ont pu être obtenus qu'à l'aide d'avances et de mises de fonds plus fortes qu'elles ne le sont ordinairement. Néanmoins, en comparant la culture de la Chèvrelière, à celle d'une ferme voisine, nous n'aurons pas de peine à démontrer qu'il faudrait que ces avances fussent considérables et hors de toute proportion, pour ne pas être placées à un taux que l'on trouve rarement ailleurs. Dans le voisinage de la Chèvrelière, et en terre pareille, l'hectare se loue environ 40 francs, et une ferme de 56 hectares s'affermerait 2,240 francs. Entre ce produit de 2,240 et celui de la Chèvrelière de 8,931 50 restent en chiffres ronds 6,698 f., intérêt de 133,960 à 5 o/o, intérêt de 66,980 à 10 o/o ou encore intérêt de 2,200 par hectare à 5 o/o et de 1,100 f. à 10 o/o. Nous ne savons aucune amélioration qui, à la Chèvrelière, ait entraîné une dépense de 2,200 fr. par hectare et pas même 1100 fr. de plus que dans toute autre ferme. Encore ne faisons-nous pas entrer en ligne de compte la différence de valeur vénale d'une ferme qui rapporte près de 9,000 francs à celle qui ne donne que 2,500 fr. Si les capitaux, employés à la Chèvrelière, rapportent plus que ceux qui sont, dans les circonstances ordinaires mis dans de pareilles entreprises, la raison en est toute simple, et tient à ce que les rendements sont plus élevés. Le fait est certain, tous les travaux les plus coûteux, ceux qui se rapportent à l'étendue, labours, hersages, semence, etc., restent les mêmes quel que soit le produit, et dès que celui-ci dépasse une certaine quantité, tout ce qui est au-dessus est en pur bénéfice; nous l'avons démontré ailleurs (1), une culture de froment qui ne dépensera que 300 fr. par hectare peut être en perte, tandis que si elle en dépense 400 elle est en bénéfice de 15 et 20 pour cent.

La Chèvrelière doit être aussi considérée à un point de vue plus élevé, à celui de l'influence qu'elle a exercée sur les cultures environnantes. Cette influence a été très-grande. La Chèvrelière peut revendiquer la plupart des progrès agricoles qui se sont produit autour d'elle. Ces défrichements qui ont rendu à la culture des milliers d'hectares de terre argilo-siliceuse que l'on rencontre dans l'arrondissement de Melle, y ont commencé; la première chaux qui devait de ces terres faire les rivales des terres calcaires, pour la production des céréales et des luzernes, y a été cuite. S'il se trouve des fumiers mieux soignés, l'idée n'en vient-elle pas de la Chèvrelière ? Si l'usage de l'araire s'est propagé de plus en plus, si celui de la houe à cheval et de la faux à moissonner tend à le faire, n'est-ce pas dû

---

(1) Voir notre ouvrage intitulé : *Notions d'agriculture*, page 40.

à l'exemple qui en a été donné ? Ces croisements des animaux étrangers avec ceux du pays n'ont-ils pas eu le même point de départ ? De tout temps les propriétaires de la Chèvrelière se sont efforcés de répandre à l'entour d'eux le progrès agricole. Ils ne se sont pas contentés de l'exemple, ils y ont aidé par leurs instruments, leurs animaux reproducteurs, par tous les moyens dont ils disposaient, mis au service de tous. Leur but constant a été la régénération agricole de la contrée, ils l'avaient compris, il n'est pas de rôle plus honorable et plus méritant.

Dans une contrée tout est lande, le bétail est chétif, la population est pauvre et maladive, çà et là quelques chaumières délabrées, ce n'est que misère et désolation. Quelques années se sont écoulées, plus de lande, partout des récoltes, le bétail est à l'étable devant une crèche abondamment garnie, la population est robuste et vigoureuse. En place de la chaumière, des maisons aux larges ouvertures à travers lesquelles pénètrent l'air et la lumière. Plus de misère, partout le bien-être et l'aisance, qu'est-il arrivé ? Un homme d'initiative et de courage, fermier ou propriétaire, est venu y planter sa tente, il a défriché, fait voir comment une terre jusqu'ici improductive ne demandait qu'à produire. D'abord incompris, raillé même, sa constance a enfin triomphé, l'élan a été donné et la transformation s'est accomplie. On s'appelle S. A. I. la princesse Bacchiochi dans les landes du Morbihan, Jules Rieffel dans celles de la Loire-Inférieure, Trochu à Belle-Ile, Jacques Bujault, Aymé de la Chèvrelière, Le Roux, père du député actuel, Cesbron dans les Deux-Sèvres. Ceux-là sont restés debout, d'autres moins heureux succombent à la peine. Encore parmi eux il en est nombre dont la ruine n'aura pas été sans utilité pour leur pays, et à qui la culture sera redevable de plus d'un progrès.

Là est la lande, ailleurs c'est la plaine calcaire aride et desséchée, portant à peine trace de végétation. Quelques années plus tard, elle a été profondément remuée, une vigne la recouvre de ses pampres vigoureux. Là encore un homme d'initiative et de courage s'est mis à l'œuvre, il n'a pas craint de consacrer à cette terre longtemps déshéritée son travail et ses capitaux, et il en a fait jaillir la vie et la richesse.

Ces services rendus à son pays en valent bien d'autres.

Aussi chaque jour sont-ils de plus en plus en honneur, aussi chaque jour, sous un gouvernement auquel nul mérite ne reste ignoré, sont-ils appelés à se partager les récompenses les plus enviées.

Dans notre idée ce travail ne doit pas rester isolé ; notre intention serait de rechercher les hommes qui ont le plus contribué au progrès agricole, dans les Deux-Sèvres, et de les faire connaître ainsi que leurs travaux.

FIN.

TABLE DES MATIÈRES.

La Chèvrelière. 1

CULTURES FOURRAGÈRES :

Luzerne. 6
Trèfle. 9
Trèfle incarnat. 9
Vesces. 9
Betteraves. 10
Rutabaga. 13
Pommes de terre. 15
Carottes. 16
Topinambours. 18
Choux. 20
Maïs. 21

PLANTES EXPORTABLES :

Colza. 23
Blé. 24
Avoine. 28
Orge. 28
Fumier. 28
Défrichements. 31
Chaulage. 33

MATÉRIEL :

Charrues. 34

Herses.	35
Rouleaux.	36
Houes à cheval.	36
Fouilleuse.	37
Semoir.	38
Faucheuse.	39
Faneuse.	39
Scarificateur.	39
Pelle à cheval ou Ravale.	40
Machine à battre.	41
Lave-racines.	41
Coupe-racines.	41
Hache-paille.	42
Trieur.	42
Véhicules.	42
Ustensiles de laiterie.	43
Personnel.	44
Bœufs de travail.	44
Chevaux.	45
Veaux d'élève.	45
Vaches laitières.	46
Bergerie.	46
Porcherie.	48
Basse-cour.	49
Bâtiments.	49
Résultats financiers.	49

FIN DE LA TABLE.

www.ingramcontent.com/pod-product-compliance
Lightning Source LLC
LaVergne TN
LVHW021739080426
835510LV00010B/1296